석정원 샛별이 된 어머니

석용호 제11시집

채운재 시선 156

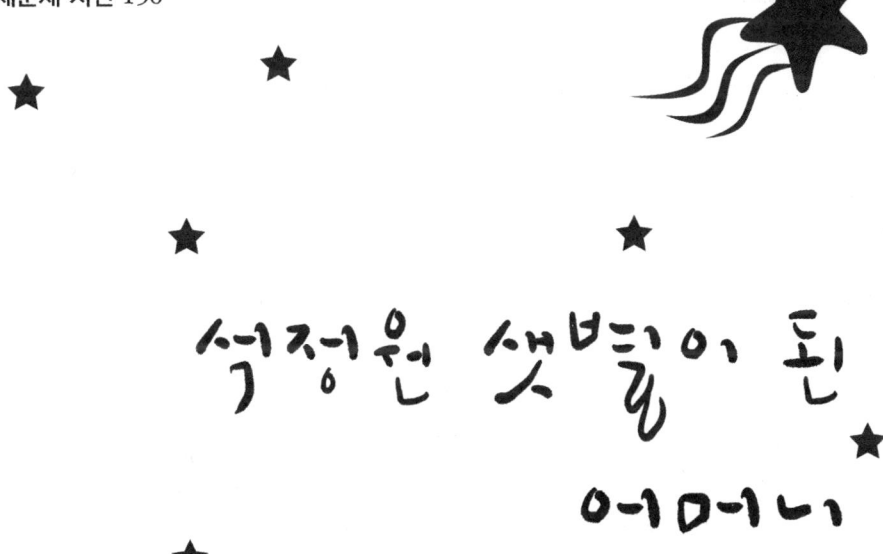

석정원 샛별이 된 어머니

석용호 제11시집

칠 남매 자식 키우시느라 짐이 될까
95세 일생을 조용히 마치고 세상의 모든 고통 품고 가신 어머니
그리운 고향 석정원 뜨락에 샛별 되어 영원히 비치옵소서

도서
출판 채운재

시인의 말

반갑습니다!! 감사합니다!! 행복합니다!!

유년 시절 글짓기는 해보았으나 성인이 되어서는
詩에 시자도 모르는 상태에서 제가 나이를 먹으면서
여러 생각 끝에 노후에 어떻게 보낼까 고심 끝에 특히 혼자서
할 수 있는 소일거리를 찾던 중 그렇다 누구의 도움도 필요치 않고
날씨 장소 경제적 도움도 필요치 않는 문학의 길을 찾아냈고
결국 2009년 문인으로서 첫 관문인 시 부문 신인상으로 첫 등단하였다.

벌써 고희의 고개를 넘고 보니 내리막길이 섬섬 더 가파르게
느껴지며 자고 나면 하루가 한 주일도 한 달도 한해도 훌쩍
구름에 달 가듯이 잘도 가는 세월 .. 돌덩이 광석을 다듬어
보석을 만들어 보겠다는 심정으로 오늘도 내일도 오로지
정신적 지주인 詩하나에 혼신을 다하여 정진하려는 마음뿐이다

2022년도는 내 일생 중 가장 큰 하나의 획을 긋는 한해였다
어머니께서 정든 석정원 떠나서 돌아오지 못하는 길을 떠나셨다
산골 중의 산골 충청도 월악산 산촌마을 정든 내 고향
50년을 훌쩍 뛰어넘었어도 언제라도 반겨주는 그곳
비록 옛집은 사라지고 그 터전에 새로운 보금자리 석정원을

마련해 놓고 평생을 고생하신 노모를 모셔 놓았었다

우리 7남매 자식 키우시느라 고생하신 어머니께서 천수를
다하시는 날까지 부디 이곳 석정원에서 편안하게 지내시기를
바라면서 신축했던 석정원이 2022년 10년을 지내시던 9월
어머니께서 병원 생활 한 달 그것도 추석을 지내고 마지막 날을
택하셔서 자식들과 작별을 하셨고 충주 탄금대에서 박달재를 넘어
제천에서 의식을 치르시고 한 줌의 재를 남기시고
마침내 고향마을 선산의 아버지 곁으로 돌아오셨다

이제 그동안의 아픔도 고통도 모두 잊으시고 사시사철 꽃들이 피는
극락에서 지내시기를 바라는 자식들의 소원을 담아
평소 어머니께서 다니시던 고향 와룡산 고산사에서
49재까지 올려드렸다
이번 시집은 어머님 생전의 일상에서 별세 후 마음을 담은
유고전이 되어 버렸고 이렇게 어머니의 추모 시까지 담아 놓았다

저 자신은 시를 쓴다기보다 생활 수기를 쓰는 마음으로
정든 우리집 석정원 뜨락 이곳에도 4계절이 있어 봄에는 꽃피고
여름에는 시원한 매미소리 들려오고
가을이면 홍시가 대롱대롱 달려있고
겨울이면 장독대에 하얀 눈이 소복히 쌓여서 반겨주는 그곳
석정원은 마음의 고향이며 나를 포근히 반겨주는
어머니 품속 같은 그곳에서 느끼고 가슴에 묻어나는 향수를 시집에 담아

첫 시집 꽃잎 허공에 파문을 빗다
제2집 마음에 그림 그리며
제3집 석정원 뜰에 꽃이 피며
제4집 꽃잎 파문을 그리며
제5집 석정원 뜨락에 피어난 인연의 꽃
제6집 석정원 뜨락 별빛향연
제7집 석정원 뜰에 "일곱가지 보자기"
제8집 석정원의 향기
제9집 석정원 뜨락의 수채화
제10집 석정원 뜨락에 초승달 품고

사람은 늙어가는 것이 아니라 익어가는 것이라는 말처럼
인생도 어느새 익어가고 있어서 더 익으면 떨어지듯
떨어지기 전에 익어가는 계절 가을처럼 일생의 가을을
비유하는 인생에 대하여 특별히 비중을 두었다

詩作을 하면 할수록 점점 더 어려워짐을 느끼게 되었다.
그래도 더 많은 노력과 정성으로 정진하여 앞으로 시집은
좀 더 성숙된 작품으로 출간을 계속 이어갈 계획이며

저 자신은 생활 수기를 쓰는 마음으로 살아가면서 주변에서 일어나는
삶의 일상과 고향 산천의 사계를 본대로 느낀 대로
인생이라는 옷을 입혀 보았다
저 높은 고지를 향하여 달려가는 것이 아니라

가까운 곳의 자연의 소리를 들으며 들판 길을 걸어가는
시인의 한 사람으로 꿈을 키우면서 모든 사람과 작은 나눔을 실천하며
오래도록 함께 지내고 싶은 마음을 가득 채워
제11시집 발간하였음을 인사 올립니다. 감사합니다.

2023년 새해 새날에

석정원 뜨락에서
石花 / 石 容 鎬 拜上

차례

4 시인의 말

1부 돌아올 수 없는 길

14 어머니
15 석정원 샛별이 된 어머니
16 어머니의 49재
17 모두가 떠나는 것뿐이다
18 전설의 고향도 떠났다
19 석정원을 훨훨 떠나세요
20 어머니와 약속
21 빈집
22 어머니와 고산사
23 돌아올 수 없는 길
24 칠 남매
25 석정원 뜨락의 인연의 꽃
26 석정원 뜨락에 노을이 내리면
27 어머니의 두 다리
28 어머니 마지막 추모식
29 꿈의 보금자리 석정원
30 잊으며 사는 것
31 추심
32 모닥불

2부 고향의 봄날

- 34 인생 칠십 고래희(人生七十古來稀)
- 35 겨울 방학 추억
- 36 정월 대보름
- 37 추억의 겨울
- 38 희망찬 2월
- 39 설 명절
- 40 봄의 소리
- 41 새봄의 축복
- 42 고향의 봄날
- 43 이사 풍경 추억
- 44 칠순 인생길
- 45 세월
- 46 매미 소리
- 47 롤러코스터 인생길
- 48 절(拜)
- 49 잊으며 지우며
- 50 뜨거운 눈물만
- 51 겨울밤 이야기
- 52 겨울도 작별을
- 53 산수유꽃이여

차례

3부 꽃길 같은 인생길

56 인생 여정
57 꽃 같은 인생길
58 그날이 오면 떠나갈 인생
59 떠나는 인연 속 인생
60 인생 꽃길을 걷듯이
61 소중한 인연들
62 인생무상
63 운명과 숙명
64 잠깐 다니러 온 인생길
65 노을빛 인생
66 빈손의 참 인생
67 인생 꽃길은
68 인생의 산책길
69 꽃길 같은 인생길
70 노을빛 황혼길 인생
71 인생의 꽃비는
72 인생 후반 여정
74 황혼녘 인생
75 인생의 세월
76 착각의 인생

4부 추억은 아름다워

- 78 잊혀진 상념들
- 79 착각의 늪이여
- 80 눈물
- 81 訃告 문자
- 82 세월 그 흔적
- 83 노을 길
- 84 만남도 떠남도
- 85 마음의 다듬질
- 86 추억은 아름다워
- 87 독백
- 88 세월 가면
- 89 생로병사
- 90 한 줌의 재뿐인 인생
- 91 그대의 향기는
- 92 친구를 떠나보내며
- 94 마음의 무게
- 95 채움 그리고 나눔
- 96 잘못된 만남
- 97 코로나19
- 98 재래시장

차례

5부 수리산 봄꽃들

- 100 금실 좋은 자귀나무
- 101 고향 향기
- 102 능소화 기다림
- 103 밭갈이 풍경화
- 104 고향
- 105 석정원 뜨락에
- 106 수리산 그곳에 가면
- 107 모내기 추억도
- 108 귀향길
- 109 수리산 봄꽃들
- 110 호국의 정신을
- 111 비목 공원
- 112 한국 전쟁
- 113 여름밤 추억
- 114 삼보사찰(三寶寺刹)
- 115 옥수수 추억들
- 116 삼겹 삼기
- 118 전설의 할미꽃
- 119 만산홍엽

1부
돌아올 수 없는 길

어머니

어린 시절 친구들과 놀다가
집으로 돌아와서 부르며
찾던 어머니

타관 객지로 공부하러 갔다가
방학되어 고향에 돌아오면
찾던 어머니

결혼하고 자식을 낳고 살아도
명절 때마다 고향에 찾아가
대문을 열면 부르는 어머니

어느새 칠순 나이를 지나
자식과 손주가 있어도
어린아이같이 불러보는 어머니

세월이 흐르고 흘러도
지워지지 않는 어머니

석정원 샛별이 된 어머니

어머니 모시러 신축한 석정원
고즈넉한 마을 최상의 안식처
어느새 십 년이 되었다

숨결이 고이 묻어나는 정든 내 고향
뒤로 하신 채 병상 생활 한 달 만에
이승을 떠나 먼 곳으로 가신 어머니

자손들에게 중추절 잘 보내라고
지구 무게만큼 큰 고통을 참아가며
자식들 걱정만 하시던 어머니

칠 남매 자식 키우시느라 짐이 될까
95세 일생을 조용히 마치고
세상의 모든 고통 품고 가신 어머니

그리운 고향
석정원 뜨락에 샛별 되어
영원히 비치옵소서

어머니의 49재

월악산 영봉이 지켜보는 곳
고향 와룡산 어머니 모신 고산사
山水가 아름답다

하루에 한 고개 넘어 49일
각지에서 흩어져 살던 자손들
아침부터 고산사에 모여
수 시간에 걸쳐서 49재를 올렸다

어머니의 업보를 찾아서
자식들의 효심을 모이시
고산사의 불심을 담아서
49 고개를 넘어서 새로운
극락왕생 길 찾아드렸다

모두가 떠나는 것뿐이다

유수처럼 흘러가는 세월 속에
양 볼에 내川자가 그려져 있고
이마에는 밭고랑이 새겨져 있다

동고동락하던 친구들
어깨동무하던 벗들도
죽마고우마저 떠나고

연정이라는 이름으로
정을 나누던 사람도
멀어지고 떠났네

세상에 둘도 없는 부모님도
세월이 흘러가고 지나가니
이별을 해야 하는 세월

가는 세월을 동아줄로 묶을 수도 없고
바윗덩이로 세월 앞을 막을 수도 없고
남는 것은 없고 모두가 떠나는구나

전설의 고향도 떠났다

자식이 아무리 나이가 먹어도
어머니 눈에는 어리게 보였는지
머리가 반백의 자식이 외출할 때면

운전 조심 차 조심 당부하시고
사람들과 다투지 말라 하시며
어둡기 전 집으로 들어오라고 하셨다

명절을 맞아서 고향 집을 찾으면
늦은 밤 시간까지 마을의 대소사
전설의 고향처럼 펼쳐 내신다

졸린 눈을 비벼가며 들어주고
추임새도 넣다 보면
밤잠까지 설치던 때도 있었지

이제는 고향 집에서
전설의 고향 이야기도 없고
어머니 따라 저 멀리 떠나 버렸다

석정원을 훨훨 떠나세요

95년 세월을 살아오시는 동안
어느 하루도 마음 편하지 못하시고
노심초사 평생 고행의 삶

젊은 날은 자식 키우랴 살림 돌보랴
중년 시절 어른들 공경 수발하시랴
노년에는 병마와 사투를 벌였던 날들

고운 얼굴에 잔주름만 가득하고
등은 활처럼 휘어가는 줄도 모르시고
뼈 마디마디가 좁아지는 줄도 모르셨던 날들

이제는 무거운 짐 내려놓고
사시사철 꽃들로 가득한 극락에서
영면만을 빕니다

어머니와 약속

어머니는
누가 가르쳐 준 것도 아닌데
산사 찾아가 예불을 올리셨다

초등학교 시절
어머니 손에 이끌리어
초파일 칠석날이면 다녀왔었다

어머니는
금년 초부터 무엇을 예측하신 듯
49재를 올려줄 것을 당부하셨다

고인이 된 날로부터 7일마다
일곱 번의 재를 올리는 77재로
극락왕생 환생을 빌고

어머니와 약속을 지키려
칠칠재의 마지막 10월 30일
이승에서 마지막 재를 올려
천상에서 천수를 누리기를
정성을 담아 49재를 올렸다

빈집

짙은 밤 꿈속에서
고향집이 어른거리고
어머니의 음성이 들려온다

고갯길도 단숨에 넘고
강변길도 휘돌고 돌아서
꿈에서 본 고향집에 도착한다

닫힌 대문을 박차고 들어서니
안마당에는 낙엽들만 뒹굴고
먼지 쌓인 신발만 놓여 있다

아버지 흔적 먼 세월이 흘렀고
반갑게 반겨줄 어머니 보이지 않는
석정원 뜨락 빈집
눈가에 눈물이 맺힌다
아~ 부모님 계시지 않은 빈집

어머니와 고산사

일곱 살 무렵 어머니 손잡고 가던 산길
풀잎에 얼굴을 스치며 찾아간 곳
두 시간을 멀다 않고 걸어갔던 산사

뭐 하는 곳인지도 모른 채
어머니 따라서 곁눈질하면서
절하고 일어서고 했었지

어머니 생전의 유언 따라서
어머니 영정을 49일 모셔
마지막 날에 49제 올려드리고
극락왕생 빌었던 대웅전 극락전

어머니 깊은 마음은 몰랐지만
49재를 마치고 보내 드리려 하니
어머니와 고산사의 인연을
추녀 끝 풍경 소리가 알려준다

돌아올 수 없는 길

만남이 있으면 헤어짐이 있고
헤어지면 또다시 만나게 된다는
인연의 한축인 會者定離 去者必返
산자의 사치스런 표현일 뿐이다

온몸으로 상여 앞을 가로막고
제아무리 대성통곡한다 한들
상여에서 내려오지 않는 떠남의 길

동아줄보다도 더 질긴 밧줄로
부모와 자식 간 묶었던 인연도
이승과 저승의 다리에서 무용지물

고갯마루 올라서면 나오는 갈래 길
길 따라 저 멀리 떠나신 어머니
인연을 끊고 제 갈 길 떠나는 구나

칠 남매

하늘에
별 중의 별 북두칠성이
밤하늘을 밝히고

땅에서는
일곱 빛깔의 무지개가
하늘로 솟아오르며

하늘의 정기
대지의 정기
모두를 받고 태어나시

밤하늘 북두칠성처럼
낮 하늘 무지개처럼 빛나고
어우러져 더불어서 살아가는
우리들의 영원한 꽃 칠 남매

석정원 뜨락의 인연의 꽃

부모와 자식 간의 만남은
전생으로부터 시작된
숨김을 피할 수 없는 인연

당신과 나의 만남
생면부지의 남남으로 만나
부부로 살아가는 인연

세상을 살아가는 동안
자를 수도 끊어 낼 수도
잊을 수도 버릴 수도 없는 인연

내가 태어난 석정원
나를 길러주신 부모님
평생을 함께 살아가는 부부
부부가 낳은 자식들과 인연

억만금을 주고도
바꿀 수 없는 인연 중의 인연
석정원 뜨락에 피어난 인연의 꽃

석정원 뜨락에 노을이 내리면

앞동산을 박차고 떠올라 동쪽 창을 밝히고
아침 해가 중천을 지나서 서산에 걸치면
들녘의 일터에서 하나 둘씩
호미를 챙겨 들고 귀가하는
무거운 발걸음 소리가 들려온다

어느새 서쪽에는 노을빛이
하루의 수고로움이
석양이 파도처럼 뜨락에 밀려들고

수십 년 동인의 석정원을 지켜온
뜨락의 감나무 가지에는 참새들이
노을빛 맞으며 하루 일을 결산한다

석정원 뜨락에 노을이 내리면
풀꽃 나무도 모두가 모여서
하루에게 감사 기도를 올린다

어머니의 두 다리

어머니는 평생을 농사일하시느라
노년에 다리를 쓸 수 없어
십 년간을 걷지를 못하셨다

다리에 좋다는 수술을 다 해도
걷지 못하시고 집안에 계시는
어머니를 볼 때마다
등에 바윗덩이를 지고 있는 듯 했다

걸어 다닐 수 있을 때 농사짓고
가고 싶은 곳 있어도 찾아가지 않고
먹고 싶은 것 있어도 절약하시던 어머니
생각만 하면 눈물이 난다

어머니 마지막 추모식

이제는 어머니 불러보아도
들어줄 사람도 대답할 사람도
현실은 공허한 메아리뿐이다

어머니를 안치 후 영정을 놓고서
입관 치르고 영정만 보아도
어머니 음성이 들렸다

장례를 치르고 삼우제 올리고
가족이 석정원 머무를 때에도
어머니 음성이 들렸다

시월의 마지막 날에 고산사
49재 가족들 모여 올린 후부터
어머니 음성이 어디론가 사라졌다

꿈의 보금자리 석정원

동쪽을 향하여 있는
대문을 열면 바로 앞산이
하루의 정기가 솟아나고

서쪽으로는
다랑산이 굽어 흘러내려
석정원을 품고 있고

남쪽으로는
마을을 내려다보는 뱃재 길
뱃재로 뒤로는 월악산 영봉을 마주한다

북쪽으로는
북풍을 막아주려는 듯
덕으로 쌓아 이룬 유덕산

동서남북의 중심축에 세워져
지번 1094는 월악산의 영봉 높이
지리적으로 평안한 곳 석정원

잊으며 사는 것

동무들과 해지는 줄 모르게
진달래꽃 꽃잎 따서 먹으며
이 골짜기 저 골짜기 뛰놀던 고향

눈이 오면 눈을 맞으며
비가 오면 비를 맞으며
내 모든 것 주고받으며
꽃길만을 함께 걸었던 그 시절

무심한 세월에 묻혀서 살다 보니
어느새 머리는 반백을 넘어섰고
그 시절 떠올라 가슴이 시려오는 지금

머릿속 어린 날 향수와
어머니 함께한 날들까지
잊어가며 참으며 지내려니
눈가에는 뜨거운 눈물비가
주름계곡 타고 하염없이 흐른다

추심

하늘에는
보석 중의 보석인 에메랄드가
뭉게구름 사이로 펼쳐져 있고

산봉오리는
나뭇가지에서 시작한 오색 물결
아래쪽을 향해 서서히 내려온다

들녘에는
오곡백과 황금물결 되어
가을바람에 실려 내려오고

우리들의 가슴에는
붉게 물든 수채화 추억들이
추심으로 가득하게 채워놓고
창공으로 솟구치며 달아난다

모닥불

겨울이 깊어 갈수록
마을의 이곳 저곳에
하얗게 피어오르는 모닥불

겉으로는 웃으면서
돌아서서 울먹이며
사연 담아 피어나는 모닥불

불씨는 깊숙이 감추고
할 말 안으로 숨긴 채
말없이 울면서 연기만 토하는 모닥불

2부
고향의 봄날

인생 칠십 고래희(人生七十古來稀)

몇 해 전까지도 육순이 대세였고
회갑만 넘으면 덤 사는 인생으로
덧없는 세월을 탓하고 허탈했다

환경의 급속한 건강제일 시대의 변화로
지금은 100세 시대라고 위안을 삼지만
어쩌다 덤으로 살아온 십 년을 맞이하며
칠 학년 고래희 칠순 잔치를 하고

人生七十古來稀
미음은 아직 아니라고 외치시만
육체적 정신적 노령의 그림자들
실체는 현실을 따르고 순응하며

겹겹이 쌓여온 칠십 년의 등짐들은
자신의 건강을 위해 이후 삶을 위해
하나씩 하나씩 내려놓을 때이구나

겨울 방학 추억

산하를 눈으로 뒤덮을 쯤이면
기다리던 겨울 방학이 시작된다

동네 논바닥에서 썰매 타고
마당 끝에는 눈사람 만들고
추녀 고드름 따먹던 겨울 방학

방학 끝 날이 다가오면
밀린 일기 쓰는 것이 제일 걱정
날짜 요일까지 잘 적었는데

일기장 날씨 쓰려하니 캄캄
맑음 흐림 눈 반복해서 쓰고
썰매 타는 것으로 반 채움 했다

요즈음 방학이라도 숙제가 없어서
방학 숙제 추억 아련하다

정월 대보름

밤하늘에는
중천을 가득 채운 대보름 달

땅에는
농사 잘되게 소원 비는 쥐불놀이

사람들은
건강을 바라는 오곡밥과 나물

더도 말고 덜도 말고
대보름달치럼 가득히
건안하기를 빌어보는
정월 대보름

추억의 겨울

볏짚으로 단장한
초가지붕 위에는 새하얀
함박눈이 소복한 겨울

마당에도 골목에도
장독대에 소복하게 쌓인 첫눈을
덥석 잡아 입 속에 넣었던 겨울

논바닥에 물들이 얼 때쯤
앉은뱅이 썰매를 꺼내어
구슬땀을 흘리며 신나게 타던 겨울

눈사람 만들고 눈썰매 타며
추녀 끝 고드름 따 입속에 넣었던 그 시절
모두가 떠나고 돌릴 수 없는
추억의 겨울

희망찬 2월

길고도 추웠던 겨울도
옷가지 챙겨서 떠나려 하고

태을봉 양지 녘에서
노오란 복수초가 기지개를 켜고 있다

수암천 갯버들은 회색빛
가지를 흔들며 좋아하고

겨우내 움츠렸던
우리들 봄과 마음 서서히 열리고

모든 만물이 잠에서 깨어나는
立春大吉

새봄의 기운이 듬뿍 돋아나서
희망찬 2월이기를 소망한다

설 명절

사방에서 흩어져 지내던
가족들이 모여서
웃음꽃을 피워내는 명절

세상살이가 고단하여도
모두 잊고서 오늘만큼은
가장 편안한 마음으로 보내는 명절

어르신들을 공경하고
어린 자식들 품어주는
예절이 있고 행복이 피어나는 설 명절

더도 말고 덜도 말고
날마다 오늘만 같아라

봄의 소리

골짜기마다
얼음장 깨지는 소리

산언덕 양지 녘
복수초 터지는 소리

들녘의 새싹들
고개를 쳐드는 소리

사방에서 귓전을
스쳐 가는 봄의 소리

새봄의 축복

유난히 추웠던 겨울도
꼬리를 내린 채 서서히
수리산 태을봉 너머로 달아나고

수암봉 산자락 나뭇가지
수암천 개울가 버들이
봄맞이하느라 분주하다

겨우 네 추위 속에 웅크리고
닫혔던 창문까지 활짝 열어 제 처
우리들 몸과 마음 기지개를 켜본다

고향의 봄날

눈감으면 아련한 추억이
떠오르는 그리운 고향

겨우내 외양간 매였던 얼룩이
마당에 끌어내 놓았던 봄날

헛간에 두었던 농기구
하나씩 손질에 분주한 봄날

이 골짜기 저 골짜기 꽃내음
봄바람 가늑 실어 날리던 봄날

겨울잠에 빠져버린 황량한 들녘
도회지로 떠나버린 쓸쓸한 마을
온기 마져 사라져간 적막한 고향
가슴까지 시려오는 고향의 봄날

이사 풍경 추억

70년쯤에는 이사하려면
좋은 날을 찾아 동분서주하며

날짜가 정해지면 지인들에게
날짜 통지하고 도움을 요청하고

한 달 전부터 퇴근 후
이삿짐 싸기에 바쁘다

안주인과 어린이는 조수석을 차지하고
남자들은 이삿짐과 적재함에 함께 실려
이웃들의 환송 속에 옛집에서 떠나는데

요즘은 화물칸에 사람이 탈 수 없고
단속 대상에서 배려해 주던 정감이 서려 있는
정겨운 이사 풍경도 추억 속으로 남았구나

칠순 인생길

하늘에서
축하라도 하려는 듯 춘설이
기다린 듯 쏟아지는 칠순 날

삼천 번을 넘어진 후에
첫걸음을 걷기 시작하여
억겁을 넘어 다시 달려온 칠순 길

때로는 자갈길을 달리면서 걸었고
때로는 고갯길서 쉬었다가 걸었고
때로는 띠밀려서 길어온 길

지나온 날보다는 남은 날들이 적고
찰라 보다도 더 빠르게 지나간 날들
기약도 없이 걸어가는 칠순 인생길

세월

비가 내릴 때는
우산을 펼쳐서 막아내고

물이 필요해서 쓸려면
댐을 설치하여 멈추게 하고

거친 파도 밀려올 때는
방파제를 설치하여 막아냈다

억만금을 주어도
단 일 초도 멈추게 할 수 없고
무엇으로 막을 수 없는 세월

그냥 그대로 흐르는 대로
바라만 보면서 사는 것이
회한의 인생이다

매미 소리

선풍기마저 귀하던 시절에
마을 입구 느티나무 밑에서
낮잠 즐기는 자장가 소리

처음에는 독창곡으로 시작하지만
시간 지나면 중창단이 되었다가
마침내는 합창단의 오케스트라가 되었지

칠년 동안을 땅속에서 지내다
칠일 동안 살며 울어 되고
짧은 생을 바심하는 애설한 매미

여름날 자연의 합창곡 단원들
매미들은 어디서 무엇을 하는지
그 시절의 향수가 담겨진 매미소리

롤러코스터 인생길

우리 인생길은
봄날같이 새싹이 돋아나고
가을처럼 낙엽이 떨어지듯 하고

햇볕이 쨍쨍 내리쬐다가도
갑자기 세찬 바람 불어오고
암흑 같은 고난 속에 아픔이 온다

한치 앞 내다 볼 수 없었던
캄캄한 밤 긴 숨 내쉬며 지낸 시간
새날 아침이 보듬어 주는 인생길

마치 롤러코스터 같은 인생길도
세월 지나고 보면 아무것도 아니다

절(拜)

인사법은 장소와 상대 따라서
제복 차림 사람은 거수경례를
서서 있는 사람은 악수 인사로

손아랫사람이 어른에게는
경례가 아닌 악수도 아닌
절(拜)로서 인사를 드리며

살아있는 사람에게는 한 번을(일배)
돌아가신 사람에게는 두 번을(재배)
신과 같이 모시는 사리 세 번을(삼배)

절인사는
무릎을 꿇어 낮은 자세로
바닥에 머리까지 낮추고
자신을 마음마저 내려놓는
수행자 가는 길목 기본이다

잊으며 지우며

한때는 그리운 마음에
어둔 밤 하얗게 되도록
잠까지 이루지 못했던 날

연정이 깊어 갈 때는
작별의 시간 떠나지 못하고
발길만 동동거리던 시간

앉으나 걸으나 누워서도
구천을 떠도는 영혼처럼
육신을 감싸고 휘몰아치던 날

이제는 떠나보내 줄 시간
잡았던 손도 놓아줄 시간
잊으며 지워가야 할 시간

모두를 버리고 처음처럼
잊으며 지우며 그냥 그대로 살련다

뜨거운 눈물만

그립다고 소리쳐도
보고 싶다 불러 봐도
기다린다 외쳐 봐도

강물이 흘러가듯
구름이 떠나가듯
바람에 실려가듯

억만금을 주겠다고 달래도
온몸으로 내던져서 막아도
바윗덩이 가로놓아 보아도

떠나고 지워져 멀어진 연정을
그~냥 그대로 바라만 보려니
뜨거운 눈물만 용암수 되어서
가슴을 타고서 흘러만 내린다

겨울밤 이야기

초가지붕 위에는
소리 없이 함박눈이 내리고
온돌로 달군 방바닥은
은근한 온기가 돋아나는 겨울밤

한 곁에 돌아선 화롯불은
방안의 냉기를 잡으러 다니고
할머니 호랑이 이야기는
고장 난 테잎 처럼 반복되는 겨울밤

토끼 귀처럼 쫑긋이 세우고
바싹바싹 다가서며 들었던
다시는 돌아올 수 없다는 길처럼
겨울날 연기같이 사라진 겨울밤 이야기

겨울도 작별을

산하를 설국 천지로 만들어 놓고
맹추위를 즐기듯이 신명 났던 겨울

올겨울은
폭설 한번 보여주지 못하고
겨울이라기보다는 달리던 열차가
늦가을 역에 멈춰 버린 겨울

잘 가라 손짓도 하기 전에
꼬리를 감추고 언덕을 넘어
날음실 치듯이 떠나가는 겨울

산수유꽃이여

모질고 차디찬 겨울을
인동초 정신에 담아서
참으며 견디고 피어난 산수유

이 골짜기 저 골짜기
복수초가 기지개를 펼치는 사이
언덕에 하늘 향해 피어난 산수유

이리 보아도 저리 보아도
생기 하나도 없는 가지 끝마다
노란 주머니 흔들거리는 산수유

겨울은 슬쩍 밀쳐 버리고
밤사이 황금물결로 피어나
가슴속까지 노랗게 물들인 산수유

3부
꽃길 같은 인생길

인생 여정

한때는 죽을 만큼이나
좋아했던 사람과
헤어지는 날이 오고

한때는 죽을 만큼이나
미워했던 사람과
다시 만나는 날이 온다

변해버린 사람을 탓하지 말고
떠나버린 사람을 붙잡지 말며

내가 의도적으로 멀리하지 않아도
떠날 사람은 아무리 매달려도
구름에 달 가듯이 스치며 떠나간다

때 되면 떠날 사람은 떠나가도
그래도 남을 사람은 남는 것이며
연정의 미련 후회도 탓하지 말고
그대로 그냥 사는 것 인생의 여정

꽃 같은 인생길

많이 가졌다고 행복하고
적게 가졌다고 불행하지 않으며

재물이 한 짐이면 걱정이 한 짐
마음이 한 짐이면 행복이 한 짐이다

바르게 보면 생기가 가득
분노로 보면 근심이 가득하며

사랑의 마음 가득하면 향기가
증오의 마음 가득하면 독기만 솔솔

감사합니다. 고맙습니다.
자주 쓰면 쓸수록 줄지 않는
생명수가 넘치고 솟구쳐서
인생길이 꽃길로 활짝 피어난다

그날이 오면 떠나갈 인생

아무리 잘난 사람
아무리 못난 사람
모두가 구별 안 하고

부자인 사람
가난한 사람
구별이 필요 없이

지위가 높았던 사람
지위가 낮았던 사람
별도의 구별 없이

우리는 모두가 그날이 오면
말없이 헤어져 떠나갈 인생
살아갈 동안에 마음을 비워
길동무 하면서 꽃같이 살다
정겹게 지내다 떠나갈 인생

떠나는 인연 속 인생

사람으로 태어나려면
헤아릴 수 없는 수많은
떠남을 흘려보내고 얻은 인생

세상에 태어나서
가깝게 가족 이웃이라는
때로는 우정 연정의 수많은 인연

오백 겁을 쌓아야 옷깃을
이천 겁을 쌓아야 동행을
육천 겁을 쌓아야 하루 밤 인연

어렵게 얻었고 맺어진 인연도
세월도 막지도 잡지도 못한 채

떠나고 보내고 묻고서 살아가는 인연
한 맺힌 인연 떠나가는 인연 속에
오늘도 살아가는 인생들

인생 꽃길을 걷듯이

여기는 목련꽃
저기는 벚꽃
노란 개나리 민들레가
꽃길 펼쳐놓고
나그네 오길 유혹한다

인생살이 꽃길은
봄날 같은 젊은 날에
소리 소문내지 않고
일장춘몽 지나간 듯

행여라도 노을 속에
남아있을 인생 꽃길
찾아보려 발걸음을 옮겨 본다

인생 꽃길은
남들이 만들어 주지도 않으며
스스로 만들고 가꾸어 나갈 때
꽃길이 열리고 펼칠 것이다

소중한 인연들

스쳐 가는 인연
어설프게 만나는 인연
지나 보면 후회의 인연
내 삶을 버리는 인연
헤프게나 맺어진 인연
세월 가면 잊혀질 인연
꿈속에서 만났던 인연

진실한 인연
서로 믿음이 있는 인연
세월 지나도 남는 인연
꽃처럼 향기가 나는 인연
나눔이 열매로 맺는 인연
떠남이 있어도 남는 인연
고통이 따르지 않는 인연

진실한 인연은 소중히 간직하고
스쳐 갈 인연은 함부로 맺지 말아야 한다

인생무상

세상에 태어날 때는
두 주먹 불끈 쥐고서
축복 속에 태어났던 인생

자라나면서 큰 꿈을 위해
하늘 찌를 듯 용기를 담아
열정을 다해 살아온 인생

때로는 넘어지고 일어나고
고통 속에 견디며 인내하며
굳센 마음으로 달려온 인생

일생을 마치고 돌아갈 때면
끌어당길 힘조차 없는 텅 빈 삶
빈손으로 가는 인생길

운명과 숙명

운명이란
인간으로 세상 태어나 사는 것
남남으로 만나 부부로 사는 것
가정 꾸려 자식 키우며 사는 것
생면부지 이웃 사람과 사는 것
생로병사 걸쳐 일생을 사는 것

숙명이란
두 번 다시 못 볼 사람을 다시 만나고
잊혀져간 사람 재회의 기쁨 나누며
매달려도 떠날 사람은 떠나가지만
떠밀어도 남을 사람은 그냥 남는 것

사노라면
운명처럼 만났다가
숙명처럼 떠나간다
이런 삶이 운명이고 숙명이며
그냥 그대로 살다 가는 것이 인생이다

잠깐 다니러 온 인생길

하루라도 만나지 못하면
잠 못 잘 것 같았던 사람도

죽을 만큼 사랑했던 사람도
원수같이 지내야 할 날들이 오고

증오로 가득 차서 다시는
만나고 싶지 않던 사람도
또다시 만나보게 되는 날도 온다

사랑으로 가득했던 사람도
증오 마음 가득했던 사람도
세월 가면 아무것도 아니다

잠시 잠깐 다니러 온 인생길
쌓지 말고 버릴 것은 버리고
그냥 그대로 살다가 떠나련다

노을빛 인생

하루의 아름다움은
아침에 해가 떠올라
일몰의 낙조의 노을빛이요

한해의 아름다움은
황금빛 풍성한 들녘과
만추의 오색의 단풍이며

인생의 아름다움은
초록의 청·장년 지나
석양에 물들어가듯

세월의 늙음이 아니라
오곡백과 익어 가듯이
노을빛과 같은 인생이여

빈손의 참 인생

공수래공수거 인생은

부유한 집에서 태어났다고
태어날 때부터 두 손 잡고서
태어난 것이란 절대 아니며

아무리 권세가 등등하다 해서
아무리 재물이 가득 있다 해서
아무리 잘생겨 멋지다고 해서
아무리 학식이 풍부하다 해서
아무리 사회석 인물이라 해서
양손에 꼭 잡고 떠나지 않으며

잠시 잠깐 다니러 들른 세상
살아생전 좋은 일 많이 하고
가진 것은 베풀고 나눔하고

태어날 때 빈손으로 왔듯이
떠날 때도 빈손으로 떠나는 것이
행복이요 축복이며 참다운 인생이다

인생 꽃길은

여기는 개나리
저기는 진달래
서로가 시샘하듯 피어난 꽃길

여기는 노란색
저기는 분홍색
유혹이 펼쳐나는 세월의 꽃길

아무것도 모른 채
앞만 보고 달려온 길
단 일 초 멈춤도 없는 내생의 꽃길

남아있는 세월이 짧게만 보여도
머물지도 않고서 무심히 가는데
여기저기 고장 난 허무한 인생의 꽃길

고장 없이 잘도 흘러가는 세월의 길
때가 되면 다시 펼쳐지는 세월의 꽃길
세월 가면 점점 작아지는 인생의 꽃길

인생의 산책길

人生 七十 古來稀

인생살이 이쯤이면
얻을 만큼 얻었으며
누릴만큼 누렸다는 인생사

늦가을 나뭇가지 끝에
매달린 나무 잎새처럼
언제든 떨어지고 말 것인데

새롭게 무엇을 찾으려 말고
무엇을 새롭게 배우려 말고
더 가득 주머니 채우려 말고

재물이란 어느 때가 되면
내 곁에서 떠나가는 것을
나누어서 주고 떠난다면

마음의 등짐도 비우고
자아를 찾아서 가볍게
인생의 산책길 걷듯이 살자

꽃길 같은 인생길

자연은 사계라는 법칙에 따라서
때 되면 소생하는 새싹의 봄날
팔팔한 청춘 같은 젊음의 여름날
결실을 남기려는 남김의 가을날
한 해를 보내고서 잠드는 겨울날

인생은 원하던 안 원하던 태어남은
초년, 청년, 중년을 거치면서 장년을
아무리 머뭇거리고 정지하려 하여도
발까지 동동거려도 찾아드는 노년을

세파에 떠밀려 황혼까지는 왔지만
세상에 좋다는 음식 보약을 들어도
온몸의 구석에 고통 질병이 찾아와
삶들을 힘들게 하는 인생의 끝자락

인생길 끝날 쯤에 깊은 잠 속에서
지나간 인생 여정 되돌아보면서

이승이여 잘 있게 나 그동안 잘 지내다
때가 되어 먼저 가네 말하며 떠난다면
꽃길 같은 인생의 길 로망의 인생이여

노을빛 황혼길 인생

앞만 보고 오다 보니
봄이 왔는지 떠나는지
잊고 달려온 인생의 길

정신을 차리고 되돌아보니
반백도 훌쩍 지난 지 오래
너무도 빠르게 달려온 인생길

오색단풍 보는 사이 세월의
잎새는 추풍낙엽 우수수
거울 녘 기나리는 인생길

새해의 새 희망을 다짐하기
강산이 여섯 번 훌쩍 넘어
쏜살이 되어버린 인생의 길

사방이 초록빛 길 인줄 알았는데
밤사이 노을빛 황혼 길 되었네
캄캄한 밤길이 오기 전 힘에 겨운
짐들을 버리면 황혼길 인생이다

인생의 꽃비는

자고 나면 여기서
다음날은 저기서
경쟁하듯 피어나던 봄꽃

아침에도 저녁에도
서로서로 시샘하듯
피어나서 유혹하던 봄꽃

하늘에서 내려 보던
구름들이 비를 몰아
마구잡이 시련 당한 봄꽃

조금이라도 더 버티려고
매달려보고 더 힘주어도
끝내 추락을 더 참지 못한 봄꽃

봄비가 내리는 건지
꽃비가 내리는 건지 낙화유수
봄꽃은 내년에 다시 피겠지만
인생의 꽃비는 두 번 다시 없다오

인생 후반 여정

앞만 보고 살다 보니 훌쩍
저녁노을 내려오는 반백 세월
미남미녀 구분 없는 인생 50세 知天命

더 많이 배워도 필요 없고
잘나고 못나도 구별 없이
퇴직이 찾아온 정년 인생 60세 耳順

어느 누구도 장담을 못 하는
건강제일 만 챙기는 세월의 70세 從心

가진 자 못 가진 자 구분 없는 부의 평등
쓰지도 못하고서 잡고 있어 동동 80세 傘壽

산마루던 집안이던 누워있는 건 같고
누워서만 살게 되는 누운 인생 90세 卒壽

99세를 일백에서 하나 빼고 白壽
최고로 살았다고 자랑해도
백약이 필요 없이 사는 인생 100세 상수

먹고 보고 가고 싶은 곳 있으면
쓸 때 쓰고 갈 때 가면서 사는 것이
인생의 후반을 참되게 사는 것이라오

황혼녘 인생

이 세상 어디에도
아무리 보고 싶다 외쳐 보아도
가던 길 멈추고서 돌아볼 사람은 없고

만나고 싶다면 망설이지 말고
당장 찾아가 붙잡고서 만나라
지나면 만나고 싶어 해도 못 한다

제아무리 돈을 많이 가져도
주머니 속 돈은 내 돈 아니며
써내어서 쓸 때 진정 내 돈이다

모든 것은 세월이 흘러가면
아무것도 이루지 못하면서
발만 동동거리다 떠나간다

가고 싶은 곳이 있으면 가보며
만나고픈 사람 있으면 만나고
주머니 돈 쓸 때 쓰면서 사는 것
노을같이 멋진 황혼녘 인생이다

인생의 세월

가는 세월을 가로막고
잠시 쉬었다 가기를 애원해도
못 들은 척 제 갈 길로 달음질치네

세월은 계절만 바꾸어서
떠났다 되돌아 돌아오며
세월이 가는 건 인생이며

구름도 생각도 흘러가며
강물도 마음도 흘러가고
시간도 말없이 흘러가며

세월이 흐르는 것은 아쉽지만
새롭게 채움이 있어 아름답고
어차피 잊혀지고 지워져 갈 세월들

인생살이 세월을 너무
아쉬워 슬퍼도 말며
아등바등 떨지도 말고 그냥 그대로...

착각의 인생

날마다 천년의 미소처럼
보고파 부르면 달려올 줄
나만을 그리며 사는 줄로 착각

온 세상을 모두 얻은 듯하여
눈을 뜨나 잠을 자고 있을 때
나만 위해 존재 하는 것으로 착각

세월이 강물처럼 흘렀다고
처음 본 남남처럼 지워내고
인연은 쇠줄처럼 영원하게 착각

꽃이 일 년 내내 피어날 것의 믿음
바다 갈라져도 잡아줄 것의 연정
백 년까지라도 남아줄 것의 인연
인생 일장춘몽 착각 속에서 살고 있다오

4부

추억은 아름다워

잊혀진 상념들

70년의 길고 긴 터널
꽃들은 피고 지고
함박눈 꽃이 일곱 번씩

억만금을 준다 해도
단 일초도 되돌릴 수 없는
시간을 애써 되돌려 보겠노라고

어린 시절에 갖고 있던 꿈
젊은 시절에 갖고 있던 추억을
모아 모아서 새롭게 쌓아 보려고

수십 년 세파에도 흔들리지 않고
바람에 실려 강물에 녹아 흘러간
빛바랜 상념을 되찾아 보겠노라고

아쉬워도 안타까워 말자고
잊혀가는 상념들을 가슴에 묻고
옷자락에 걸치고서 살아온 것만으로도
행복이요 축복이라 소리쳐 보고 싶다

착각의 늪이여

일기장 가지마다
주렁주렁 매달린
주옥같았던 추억

칼바람이 불어와
동장군이 되어도
눈길마다 그려놓은 추억

바라만 보아도
쳐다만 보아도
보랏빛 연정의 추억

이제 모두가 떠나가고
황량한 들녘에 나뒹구는 추억
잡을 수 없고 멈추지도 못한 채
허공 속 사라진 추억을 찾아서
헤매는 애절한 착각 속의 늪이여

눈물

가슴이 무너지는 듯 고통 속에
말없이 쏟아져오는 슬픔의 눈물

그리운 님 소식 듣고
반가움에 떨어지는 기쁨의 눈물

천신만고 거듭하고 대기만성
달성 끝에 흘러 나는 감격의 눈물

떠나가는 님을 향해
돌아서서 훌쩍이는 뜨거운 눈물

다시는 돌아오지 못하고
멀고도 머나먼 길 떠나는
작별 인사 대신 흘리는 비통의 눈물

눈물 중의 눈물은
바로 보지 못하고
돌아서서 흐느껴 우는 눈물

訃告 문자

어릴 적에 책보자기 둘러메고
한결같이 동고동락 소꿉 절친

우정의 무대를 연상케 하는
끈끈한 전우애 군 시절 동기

사회의 초년생이 입사하여 퇴근 후
대포잔 기울이던 친구 직장의 동료

반백을 넘어서고 은퇴를 하고나니
만남도 없고 소식도 끊어지고

어느 날 청천벽력 통지받고 달려가
통곡의 눈물들을 쏟아놓게 만들고
영정을 부여잡고 이승에서 못 나눈
이야기 토해 놓게 만들었던 부고장

잘 가라 말도 못한 채 울먹이며
이승에서 다시 만날 수 없도록
최후통첩 같은 야속한 부고 문자

세월 그 흔적

앞서가는 동료를
잡아당겨 가면서까지
출세하려 보냈던 중년의 세월

반백을 넘어서자 이어서
잘나고 못나고를 떠나서
정년이 달려드는 퇴직의 세월

그렇게도 자주 하던 모임도
통화중만 걸려들던 전화도
썰물처럼 빠져나간 떠남의 세월

경사의 알림은 멀어지고
애사의 소식만 많아지고
지인의 부음이 채워진 작별의 세월

웃음들은 하나둘씩 사라지고
그 자리에 깊은 주름살이
노을 같은 황혼녘이 짙어가고
모든 것이 작아지며 마음마저
떠나가는 세월의 흔적이여

노을 길

새해 첫날이라 환호하던 날이
훌쩍 쏜살같이 지나가 버리고
어깨동무하고서 달음질치던
초등추억 떠나고 흘러간 세월

까맣던 머리는 하얀 밭이 되었고
이마는 주름이 내川자를 이루고
전봇대같이 꼿꼿한 허리 변형되고
목소리 어느새 탁음까지 나오니
여기서 저기서 세월 흐름 흔적이
온몸에 돋아나 감출 수가 없구나

갈 곳도 가려 가면서 가야 할 길
큰소리 낼 것도 하나도 없는 길
강물이 흘러가듯 따라서 사는 길
석양의 빛처럼 황혼의 길

만남도 떠남도

만남
태어남과 동시에 가족
학교라는 제도권에 교우
사회라는 굴레 속에 동료
이성과 만남 속에 연정
천생배필 결혼 의식 부부

떠남
자라나면서 가족과도
졸업이라는 의식 치르면
직장 따라서 이리저리로
꿈만 같았던 연정 마음도
백년해로 부부 사이

봄날의 새잎 억겁의 만남도
가을날 낙엽이 지듯이 떠남을
만남의 기쁨도 떠남의 슬픔도

인생길 어디에도 영원은 없기에
미련도 아쉬워도 말고서 살다가
때 되면 홀로 오듯 혼자서 떠난다

마음의 다듬질

하늘 위를 떠돌면서
흩어지고 모였다가 흔적 없이
사라지는 구름같이 떠도는 마음

한 방울의 물방울이 흘러 흘러
계곡 지나 어울리며 강물 되고
큰 바다로 흘러드는 물 같은 마음

처음에는 반죽같이
어울려서 지내다가
콘크리트 굳어지듯 돌덩이 마음

사람들의 마음이란
세월 가면 바위처럼 굳어져 갈 수도 있어
스스로 다듬질의 연습이 필요하여라

추억은 아름다워

비가 오면 옷들이
젖는 것도 잊은 채
밀어만을 속삭이던 추억들

눈이 내리는 날이면
얼른 밖으로 달려가
눈꽃 맞으며 걷던 추억들

밤하늘 별들을 세면서
별밤 길 끝없이 걸었던
꿈같은 별밤 사연의 추억들

그 세월로 되돌아갈 수는 없어도
눈감으면 온몸 속 녹아서 흐르던
그 시절의 추억 꽃처럼 아름다웠다

독백

어느 때에 어디서 태어나서
어느 곳을 향하여 가는 것일까
수많았던 동행자들 어디에
남겨두고 혼자서 가고 있는가

울퉁불퉁 자갈길 지나고
아스팔트 평탄한 길도 지나고
사방에서 꽃들이 반겨 주던 길
비바람이 휘몰아치던 험한 길
고개언덕 숨차게 넘던 힘든 길
밤중같이 캄캄한 길도 지나고

꽃길이 아니면 어떠랴
동행자 없어도 외롭지 않으며
힘들고 멀어도 가야 할 인생길

인생길은
오는 길도 혼자의 길이요
가는 길도 혼자의 길이기에

세월 가면

나쁜 생각 좋은 생각
엎치락뒤치락 하는 사이
새벽녘 서서히 밝아오고

좋은 생각 착한 생각
씨름판처럼 뒤집기
오고가는 사이 승부는 끝나며

착한 생각 나쁜 생각
줄다리기 밀고 당기는 사이
승자독식 상태 돌아오고

나쁘고 착하고 좋다 하는
생각의 차이도 세월 가면
모두가 아무것 아닌 것을

생로병사

세상에서 가장 좋은
청정구역 살고 있다 해도
예고 없이 찾아 들어 괴롭히고
최고의 의약이 발달되어 명약에
최고의 의술이 발달되어 최고의
치료를 받아도 막지 못할 생 로 병 사

깊고 깊은 곳 산중 속 구중궁궐
어떤 사람도 찾을 수 없는 곳에
혼자 숨어서 감추고 산다 해도
세월 흐름을 절대로 못 잡으며
또한 막을 수 없는 것 생 로 병 사

인간은 태어났으면
어느 곳 어디 있어도
고통의 크고 작고의 차이뿐이며
누구나 생 로 병 사 맞이한다

한 줌의 재뿐인 인생

천하를 호령하던 사람이나
호령을 감뇌 하던 사람이나
모두가 떠날 때는 말이 없고

지금 하는 일을 천직으로 알고
항상 현재 일에 만족하고 살며
남을 배려하며 살아가는 사람

수백 명의 사람 다스리면서
호위 호식하던 자랑까지도
남의 부러움을 샀던 사람도

고행의 이승 떠날 때
모두가 빈손 되어서
모든 것 내려놓고서 말없이

지금이 행복이요 기쁨인 것을
가진 것 있는 대로 나누어 주고
재 한 줌 빈손으로 떠나는 인생이여

그대의 향기는

바라만 보아도
쳐다만 보아도
꽃처럼 피어나는 향기

눈이 펑펑 쏟아져도
비가 세차게 내려도
그냥 그대로 돋아나는 향기

아무리 먼 곳에 있어도
보이지 않는 곳에 있어도
어디에 있어도 넘쳐나는 향기

억만 겁의 세월이 흘러도
지워지지 변하지 않으며
용암처럼 솟구쳐 흐르는
그대만이 간직한 매혹의 향기

친구를 떠나보내며

세월이 참으로 빠르네
십팔 세 학창의 시절에 만나서
52년을 보내고 칠십에 작별하니

부모 공경이 남다르고
자식들에게 최고 아빠
가정에서는 모범 가장 친구여

앞만 보고 달려오느라
내 몸마저 맡기지는 술
모르면서 살아온 세월

속 시원히 말 한마디
남기지도 못한 채
고통만을 짊어지고 떠나간 친구여

이승에서의 고통을 모두 잊고
사시사철의 꽃의 천국 천상에서
영생하기를 두 손 모아 기도하네

가는 길에 눈물이 앞을 가려도
돌아보지 말고서 잘 가게나 친구여

* 故 김순열 친구 2020. 08. 15

마음의 무게

마음의 무게는
공기만큼 가볍기도 하고
어느 때는 바윗덩이 만큼
무거워서 견디기도 힘들고

마음의 무게는
자신만이 느낄 수 있고
혼자만이 알 수가 있다

마음의 무게가
가벼우면 허리 등 휘지도 않으며
세월 가도 꼿꼿하게 살 수가 있지만

마음을 짓누르는 바윗덩이는
누구도 내려주지 않는다
오로지 스스로가 내려놓을 때
비로소 나비처럼 훨훨 날 수 있겠지

채움 그리고 나눔

세상 태어날 때 빈손이었지
세월이 지날수록 욕심 덩어리
당기고 끌어모은 무게

지혜롭지 못한 삶 속에서
온몸이 망가지는 줄도 모르고
아픔도 참아내며 쌓기만 한 욕심

후회할 때 돼서야
무거운 짐 비워야 산다 돌아보니
이미 망가진 육신 진리를 탐한다

잘못된 만남

우리가 세상을 사노라면
수많은 사람과 만나면서
때로는 떨어져 살기도 하고
가까이 지내기도 하지만
내 면 속으로 들어가서 보니
이해 충돌의 모순 투성 뿐이다

한쪽은 동쪽으로 가려 하고
한쪽은 서쪽으로 가려 하며
충돌의 시작이 답이 없다

학교 시절 잘못된 만남 졸업하면 지워지고
직장에서 잘못된 만남 퇴직하면 지워지고
형제의 잘못된 만남은 답이 없다

잘못된 만남의 해답은 오로지 한 가지
내 욕심 버리고 남을 존경하며
이해와 배려하는 마음뿐이다

코로나19

봄이 오면 나들이 떠나고
여름에는 산과 바다를 찾아서
가을에는 단풍놀이 떠나며
겨울에는 스키장을 찾아간다

사계절을 만끽하던 우리들
모든 일상 무너지고
새 생명의 탄생을 축하 자리
돌잔치 회갑연 고희연 자리
결혼 예식장에도 못 가며
소천하신 고인의 장례식도 못 가는
참 어려운 세상이다

관혼상제의 전통까지 흔들어 놓았고
사람과 사람 가족관계마저도 가르고
사회 곳곳을 마스크로 차단벽 쳐놓고
우리의 일상마저 빼앗긴 삶
코로나19 재앙 끝자락은 어딘가

재래시장

닷새를 주기로 정해놓고
이곳을 저곳을 돌아가며 물건을 팔며
이 고을 저 고을 소식 듣고 가던 장날

기본적으로 고정된 상점을 두고
물건들 놓고 날마다 물건을 팔며
단골도 있고 대까지 이어 온 장사

전통시장 장점을 살려
단골도 만들고 즉석 먹거리 앞세워
사람 냄새나는 현대식 전통시장

오일장. 재래시장. 전통시장
이름은 다르지만 사람 사는 향기가
물건을 사이 두고 마음까지 오가고
사람 간 情까지도 넘쳐나는 곳

5부
수리산 봄꽃들

금실 좋은 자귀나무

겨울 늦잠에 빠져들어
오월 되어서 눈을 뜨고
유월에 피워내는 자귀꽃

해가 지고 밤이 오면
부부처럼 합쳐 사랑 나누고
아침이면 서로 떨어지는 자귀 잎새

부부의 금실이 좋다는 상징수
합환수 합혼수 야합수 유정수
더불어 부르는 이름도 가지가지 자귀나무

멀리서 보면 작은 꽃 전등 달은 듯
가까이 다가서면 실오라기 같은 꽃

회색목 연초록 잎새 분홍꽃잎
삼원색 조화에 흠뻑 빠져들어
똑바로 볼 수가 없는 자귀나무꽃

고향 향기

진달래 꽃잎을 따려고
노오란 별들을 찾아서
이 골짝 저 골짝 헤매던 고향

논두렁 쑥부쟁이 뜯으며
밭두렁 냉이 나물 캐느라
서산에 해지는 줄 모르고

고향 봄 향기 찾아서 와보니
그 시절 동무는 보이지 않고
낯 설은 사람들이 정착한 고향

고향은 떠날 수는 있어도
잠시도 버릴 수는 없는 곳
언제나 마음 깊은 곳에 향수
그리며 살아가는 고향 향기

능소화 기다림

폭염이 쏟아져도 아랑곳하지 않고
담장을 서성이는 능소화

오늘은 오시려나
내일은 오시려나
님 오길 기다리는 능소화

꿈같은 하루 밤 보낸 님
발자국 소리가 날 때마다
오뉴월 뙤약볕을 참으며

빨갛게 곱게 단장 하고서
담장에 앉아 새소리 들으며
이제는 오시겠지 서녘 하늘 바라본다

밭갈이 풍경화

세월의 시계를
거꾸로 돌려서
몇십 년 전으로 돌아가면

해마다 봄이면 골짜기마다
밭에서 펼치는 정겨운 풍경화

겨우내 집안에 매어 두었던
얼룩이 소들을 앞에 세우고
쟁기를 지고서 들녘 밭으로

이 골짜기 저 골짜기 풍경소리
농부들의 흥에겨운 쟁기소리

고향의 들녘을 정겹게 흥을 돋던
소들의 밭갈이 풍경은 사라지고
경운기 밭갈이 소리가 대신하여
들녘을 휘젓는 오늘의 밭갈이 풍경이어라

고향

내가 태어난 곳
어린 시절 꿈이 자라던 곳
새로운 삶 찾아 떠나온 곳

나무에는 뿌리가 있었고
강물에는 새암이 있듯이
사람에겐 고향이 있었네

봄날에는 꽃들이 만발하고
여름날에 피라미 헤엄치고
가을에는 들녘에 오곡백과
겨울에는 새하얀 설국천지

고향은 떠날 수는 있어도
고향은 버릴 수는 없는 곳

어머니 품속같이 포근한
정든 내 고향 정든 석정원 찾아서
귀거래사를 부르며 돌아가고 싶다

석정원 뜨락에

봄날에는
산수유 진달래 영산홍
곳곳에 꽃들이 천국을

여름에는
뻐꾸기 참새들 매미가
모여서 합창곡 경연을

가을에는
홍시가 대추가 사과가
뽐내며 풍요의 자랑을

겨울에는
지붕 위 장독대 담장 위
눈들이 쌓여서 설국을

정든 내 고향 정든 우리집
명품 수채화 연중 감상을
꿈의 석정원 뜨락이여

수리산 그곳에 가면

봄날에는 철쭉이 천국이요
여름이면 숲들이 장관을 이룬다
가을에는 잣들이 알알이 맺히고
겨울에는 설경이 꽃밭을 이루는 곳

수리산 수호신 봉우리
안양의 관모봉 태을봉
군포를 지키는 슬기봉
안산의 수호신 수암봉

한국전쟁의 흔적 전사자
유적발굴의 격전지
채석광석용 철길 흔적이
천주교성지 생가 묘역이 있는 곳

수리산 그곳에 가면
사계절 변화의 숨결을 느끼며
네 개의 봉우리 절경이 산지
역사를 얻으며 배우는 곳이다

모내기 추억도

농자는 天下大地本이라는
깃대를 앞세우고 마을을 돌면서
농사의 풍년을 기원하던 대보름

대보름이 지나고 첫 농사일
논갈이 후 모판이 꾸며지고
소독마친 볍씨가 뿌려진다

모판속 벼모종 유월초 쯤
오늘은 아랫집 내일은 윗집
품앗이 모내기 시작이 된다

모내기 날이면 마을 잔칫날이다
줄잡이 구령에 따라 못줄이 척척
허리를 펼 틈도 아픈 고통도 잊고

이웃 간 정들로 채워진 고향마을
모내기 풍경도 기계화 작업으로
추억이 되어 버린 그 시절이 생각난다

귀향길

귀향을 위해서
한 달 전 서울역
꼬리를 물고서 얻은 귀성 차표

고속버스 또한
예비좌석 표라도 구하려고
대기차선 줄 서서 기다렸고

시외버스
입석이라도 좋다
고향만 갈 수 있다면

아무리 힘들고 무엇으로도
귀향 길 만큼은 막지 못했다

코로나라는 정체불명이
귀향길까지 막아버리고
성묫길까지 닫아버렸다

귀향하면 불효가 되고
흩어져야 산다는 현수막까지
등장하는 이색의 귀향길이다

수리산 봄꽃들

내가 제일 먼저 봄소식
전해 주러 달려왔다고
자랑하듯 품을 펼치는 산수유

아주 먼 길 떠난 님 되돌아오길
기다리듯 노오란 손수건 흔들며
학수고대하면서 피어난 개나리꽃

새하얀 소복 차려입고
떠나간 님 향해 흰옷
벗어서 던져 내듯 백목련꽃

연두 빛 립스틱 바르고서
봄바람 따라서 흔들흔들
연정의 속마음 날려보는 진달래꽃

얼마나 오늘을 기다렸는지
까맣게 그을린 가지 끝마다
다 함께 합창 속 피어난 벚나무꽃

저마다 아름다움 자태로
유혹의 손길 수리산 봄꽃들

호국의 정신을

해마다 유월이 돌아오면
조국의 산하를
빨갛게 물들였던 흔적들

조국을 지키려는
일념을 앞세우고
무명의 고지에서 산화하신

제아무리 세월이 흘러도
잊을 수도 없으며
잊어서는 안 되는 호국의 정신

무명의 고지에서 능선에서
젊음을 불사르고 산화하신
우리의 호국의 혼 영령님

임들의 숭고하신 애국정신은
조국 강산에서 호국 꽃 되어
영원히 피어나길 염원합니다

비목 공원

해마다 유월이 찾아오면
우리들 가슴속을 용암 되어
흐르는 가곡 중의 애국가곡 비목

50년대 한국 전쟁이 치열했던 곳 화천
60년대 화천 백암산 녹슨 철모에 담아
70년대부터 열창의 전 국민 가곡 비목

평화의 댐 북한강을 바라보는 그 자리에
철조망 속 십여 개의 십자가 위 녹슨 철모
사이사이 입구부터 반겨주는 비목공원

무명의 용사들 묘역 같은 화천
70년의 세월이 흘렀어도 변함없이
조국을 위하여 산화하신 영령들의 쉼터 비목공원

국민의 가곡 중 가곡인 비목이
영혼의 소리로 계곡을 타고서
가슴을 적시며 흐르는 비목공원이길

* 한명희는 화천 백암산 부근 십자 나무만 세워진, 무명용사의 돌무덤의 비목을 보고, 조국을 위해 상화한 젊은이들을 기리는 시를 지었고, 이를 장일남에 보여주자 즉석에서 곡이 만들어져 지금까지 명가곡으로 불려지고 있다. 비목공원에는 항시 이노래가 흐른다.

한국 전쟁

이데 오르기를 사이에 두고서
같은 동족끼리 서로가 치열한
피를 흘려가며 싸웠던 한국전쟁

승자도 패자도 없으며
서로가 상처만 남기고
강토를 두동강 내버린 한국전쟁

지구상에 유일무일
한민족이 나누어서
비극으로 살아가게 만든 한국전쟁

꽃다운 청춘을 조국수호 헌신위해
무명의 고지와 능선에서 산화하신
호국의 영령을 만들어낸 한국전쟁

세월은 흘러서 70년 한국전쟁
임들의 숭고한 애국 호국정신은
영원한 꽃으로 잊지 않겠습니다.

여름밤 추억

추억열차를 타고
정든 고향집 마당에
슬쩍 내려서 살펴본다

해 질 녘 저녁상을 물리고
옥수수와 통감자
입안에 하나씩 넣었지

온 가족 밤하늘 바라보며
반짝반짝 거리는 별빛에
모든 시름 내려놓았던 시절

금방이라도 달려올 것 같은
그때 그 자리는 잡초로 가득하고
남은 것은 여름밤 추억뿐이구나

삼보사찰(三寶寺刹)

우리나라에는 국보급의
불교의 상징인 佛.法.僧
삼보의 사찰이 존재 한다

경남 양산의 통도사는
삼보중의 佛보 사찰로서
부처님의 진신 사리를 봉안하고

경남 합천의 해인사는
삼보중에 法보 사찰로써
부처님의 말씀 대장경을 갖고 있고

전남 순천의 송광사는
삼보중의 僧보 사찰로서
고승들을 많이 배출한 고찰이다

양산의 불보사찰 통도사
합천의 법보사찰 해인사
순천의 승보사찰 송광사
삼보에 걸맞도록 자비의
빛들이 온 누리에 펼쳐지기를

옥수수 추억들

새싹부터
누우런 수염이 될 때까지
꼿꼿한 병정같이 서 있었지

잎새는 사료용으로
수염은 옥수수차로
버릴 것이 하나도 없고

여름밤 저녁상을 치우면
커다란 바구니에 가득히
온 식구 모여앉아 정 나누며
깊어가는 밤 웃음소리 가득했다

향긋한 내음
고소한 맛
그때 그 시절이 간절하다

삼걸 삼기

금쪽같은 세월이
달음질을 치듯이 가는 사이
어느 사이 노을빛 황혼 세월

돌아보면 어제 같은 날들이
흘러 흘러 사계절의 끝자락
다시 못 올 세상만사 인생사

여기쯤 왔으면 이제는
모든 걸 좋다고 말할 걸
하는 일 잘한다 그럴 걸
분노를 참고 또 참으며

욕심 덩어리는 버리기
모은 물건들 줄이기
쌓아둔 재물은 나누기

찬란하던 아침 햇살은 뒤로 숨고
황금빛의 노을빛만 넘실넘실
노을마저 떠나간다면 어두운 밤

노을 지기 전에 버릴 건 버려서
떠날 때는 빈손 되어서 떠나련다

전설의 할미꽃

양지바른 외진 곳 무덤가
무덤 곳곳 사방에 자리한
자주빛의 고개 떨군 채

언제나 고개는 숙인 듯
허리는 굽힌 듯 피어나
오가는 사람들 향하여

무슨 말이라도 할 듯 말듯
머뭇거리면서 홀로 서서
하얀 머리 풀어 헤쳐 놓은 듯

해마다 봄이면
할머니 영혼이 무덤가에
전설이 되어서 피어나는 할미꽃

만산홍엽

여름이 자리를
내주려 하려는 사이
봉오리 붉은 점 하나 솟았다

자고나니 두 배로
다음날은 세배로
하루하루 밀물처럼 내려온다

앞산을 뒷산을
옆산을 보아도
화공들 모여서 채색 경연중

처음은 붓으로 시작하더니
물감을 통째로 쏟아놓고서
수리산 모두를 만산홍엽을
만들어 놓고서 가버린 너

석용호 제11시집

석정원 샛별이 된 어머니

초판 발행일 2023년 2월 6일

지은이 석용호

펴낸이 양상구
웹디자인 김초롱
펴낸곳 도서출찐 채운재
주소 우) 01314 서울시 도봉구 시루봉로 15라길 38-39 301호
전화 02-704-3301
팩스 02-2268-3910
H·P 010-5466-3911
E-mai ysg8527@naver.com

정가 12,000원
ISBN 979-11-92109-30-5(03810)

@석용호 2023

* 이 책은 저작권법에 따라 보호받는 저작물이므로 무단전재와 무단복제를 금지하며 이 책의 내용 전부 또는 일부를 이용하려면 반드시 저작권자와 도서출판 채운재의 동의를 받아야 합니다.
* 파손 및 잘못된 책은 구입처에서 교환해 드립니다.